AF609512

# RECUEIL DES CARTES, PLANS, VUES ET MEDAILLES,

*Pour servir au Voyage de la Troade,*

PAR J. B. LECHEVALIER.

PARIS,
DENTU, Impr.-Libr., Palais du Tribunat, galeries de bois, n.° 240.

AN X. (1802.)

# EXPLICATION

*Des Cartes, Plans, Vues et Médailles, pour servir au Voyage de la Troade.*

## N.° Ier, tome 1, page 1.re

### Carte générale du Golfe Adriatique et de l'Archipel.

Cette Carte est destinée à montrer la route que l'auteur a suivie, et les pays où il a abordé avant d'arriver sur la côte d'Asie.

## N.° II, t. 1, ch. II, p. 35.

### Carte de l'île de Corfou.

Cette Carte, dressée sur les observations les plus récentes, comprend l'île de Corfou et la partie de la côte d'Epire qui lui est opposée. On y remarque l'emplacement de la ville d'Alcinoüs, et ce fleuve, à l'embouchure duquel Ulysse aborda, après avoir erré deux jours et deux nuits sur les flots. Le petit village appelé *Potamo*, qu'on voit près du port, semble avoir conservé ce nom pour perpétuer la mémoire du lieu où le fils de Laërte fut sauvé du naufrage.

Αλλα οτε δη ποταμοιο κατα ςομα καλλιρροιο
Ιξε νεων.

« Mais lorsqu'après beaucoup d'efforts, il arrive en nageant à l'embouchure du fleuve, etc. »
*Odys.* l. v, v. 441.

## N.° III, t. 1, ch. III, p. 64.

### Carte du royaume d'Ulysse.

Les érudits connaissent l'étendue des états d'Ulysse ; mais le commun des lecteurs est généralement porté à croire que l'empire de ce prince se bornait à l'île d'Ithaque.

En voyant tous les pays qu'il gouvernait, rassemblés sous le même point de vue, on ne sera plus surpris de trouver son nom respecté parmi les Grecs, et célébré dans les poëmes d'Homère.

Αυταρ Οδυσσευς ηγε Κεφαλληνας μεγαθυμους
Οι ρα Ιθακην ειχον και Νηριτον εινοσιφυλλον
Και κροκυλει ενεμοντο και Αιγιλιπα τρηχειαν
Οι τε Ζακυνθον εχον ηδε οι Σαμον αμφενεμοντο
Οι τε ηπειρον εχον ηδε αντιπεραι ενεμοντο.

« Ulysse commande aux généreux Céphalléniens, à ceux qui habitent l'île d'Ithaque, le mont Nérite et ses « bois épais, Egylippe et ses rochers, aux peuples de Zacynthe, de Samos, et à ceux qui cultivent « les rivages du Continent opposé à ces îles ». *Il.* l. II, v. 631 et suiv.

## N.° IV, t. I, ch. III, p. 65.

### Vue du port d'Ithaque et des ruines du palais d'Ulysse.

Cette vue est prise de la mer, en face du golfe de Vathy. On y distingue l'entrée des deux ports Phorcys et Réthros. Les débris d'une muraille antique qu'on aperçoit sur les sommets voisins, sont ceux que les habitans d'Ithaque respectent encore aujourd'hui comme les ruines du palais d'Ulysse et de Pénélope.

C'est sur ces rivages qu'Ulysse rencontra Minerve sous la figure d'un berger. « Je « vais, lui dit la déesse, vous faire reconnaître ces lieux, et vous montrer Ithaque « telle que vous l'avez laissée ».

Φορκυνος μ οδ' εςι λιμην αλιοιο γεροντος
Ηδε δ' επι κρατος λιμενος τανυφυλλος ελαιη
Αγχοθι δ' αυτης αντρον επηρατον ηεροειδες
Ιρον Νυμφαων, αι' Νηιαδες καλεονται
Τυτο δε τοι σπεος ευρυ κατηρεφες, ενθα συ πολλας
Ερδεσκες Νυμφησι τεληεσσας εκατομβας
Τυτο δε Νηριτον εςιν ορος καταειμενον υλη.

« Voilà le port du vieillard Phorcys, un des dieux marins: le bois d'oliviers qui le couronne est le même « que vous y avez toujours vu. Près de ce bois se trouve l'antre obscur et délicieux des Nymphes qu'on « appelle Naïades. C'est celui où vous avez tant de fois offert aux Nymphes des hécatombes parfaites. « Cette montagne couverte de forêts est le mont Nérite ». *Odys.* l. XIII, v. 345 et suiv.

## N.° V, t. I, ch. III, p. 68.

### Vue de la fontaine Aréthuse et du rocher du Corbeau.

« Allez, dit Minerve à Ulysse, allez trouver votre fidèle Eumée à qui vous avez « donné l'intendance de vos troupeaux. C'est un homme plein de sagesse; il est « entièrement dévoué à votre fils et à la sage Pénélope. Vous le trouverez au milieu de « ses troupeaux, qui paissent sur le promontoire du Corbeau, près de la fontaine « Aréthuse ».

Παρ κορακος πετρη επι τη κρηνη Αρεθυση.

Le voisinage de cette fontaine est encore aujourd'hui, comme il l'était alors, le pâturage le plus frequenté par les troupeaux de l'île d'Ithaque. Le nom d'Aréthuse qu'elle portait au tems d'Ulysse et d'Homère est oublié ; celui qu'elle porte aujourd'hui est emprunté du promontoire voisin. Les insulaires l'appellent Κορα Πιγη, *la Fontaine du Corbeau.*

Ulysse et son fidèle Eumée, en passant près de cette fontaine, sont insultés par Melanthe, fils de Dolius, qui menait à la ville les chèvres les plus grasses du troupeau, pour la table des amans de Pénélope.

Αλλ' οτε δη στειχοντες οδον κατα παιπαλοεσσαν
Αστεος εγγυς εσαν και επι κρηνην αφικοντο
Τυκτην, καλλιροον οθεν υδρευοντο πολιται
Την ποιησε Ιθακος και Νηριτος ηδε Πολυκτορ
Αμφι δ' αρ αιγειρων υδατοτρεφεων ην αλσος
Παντοσε κυκλοτερες κατα δε ψυχρον ρεεν υδορ
Υψοθεν εκ πετρης βωμος δε εφυπερθε τετυκτο
Νυμφαων οθι παντες επιρεξεσκον οδιται.

« Après avoir marché long-tems par des chemins très-raboteux, ils arrivent près de la ville « à une fontaine d'où jaillissait une eau limpide, et où les habitans d'Ithaque venaient se « désaltérer. Elle était l'ouvrage des trois frères Ithacus, Nérite et Polyctor. Autour de « cette fontaine était un bois de peupliers plantés en rond ; sa source fraîche tombait à « grands flots d'un rocher, au-dessus duquel on voyait un autel dédié aux Nymphes, et où « tous les voyageurs offraient des sacrifices et des vœux ». *Odys.* l. XVII, v. 204 et suiv.

---

## N.° VI, t. 1, ch. IV, p. 81.

### Carte nouvelle de l'île de Zante.

L'île de Zante faisait partie de l'empire d'Ulysse ; en jetant les yeux sur cette Carte, dressée comme celle de l'île de Corfou sur les observations les plus récentes, on verra que l'immense plaine voisine de sa capitale, est couverte d'arbres. C'est pour cela qu'Homère lui donne l'épithète ὑληεις, et que Virgile, après lui, l'appelle *nemorosa Zacynthus.*

---

## N.° VII, t. 1, ch. VII, p. 126.

### Vue du temple de Minerve-Suniade.

Ce qui prouve la haute antiquité du temple de Minerve-Suniade, c'est que le promontoire *Sunium*, sur lequel il est situé, est désigné dans l'Odyssée, sous le nom de *promontoire sacré.*

αλλα, οτε σουνιον ιρον αφικομεθ ακρον Αθηνων.

« Mais quand nous abordâmes à Sunium, promontoire *sacré* de l'Attique, etc. » *Odys.* l. III, v. 278.

Ce promontoire, à force d'avoir été battu par les flots, est tellement excavé, que le temple se trouve maintenant suspendu sur une voûte qui d'un moment à l'autre doit s'écrouler.

> « Que ne suis-je, dit le chœur des Grecs, sous l'ombrage des bois qui couronnent le promon-
> « toire de *Sunium battu par les flots* Προβλημα αλικλυστον, pour y adresser ma prière à
> « Minerve ». *Soph.* trag. act. IV, scène. VII.

Parmi les rochers entassés au pied du promontoire, on voit des débris d'architecture, qui faisaient partie du temple; on voit même des colonnes qui, dans la chûte, sont restées suspendues sur la pente du précipice.

---

## N.° VIII, t. 1, ch. X, p. 135.

### PLAN D'ATHÈNES ET DE SES ENVIRONS.

Ce plan, emprunté du voyage d'Anacharsis, a été enrichi des monumens romains qui se trouvent à Athènes, tels que celui de Philopapus, le Stade, le Panthéon d'Adrien, etc. On y a ajouté aussi le tombeau de l'amazone Antiope, découvert par le peintre Fauvel.

---

## N.° IX, t. 1, ch. X, p. 135.

### VUE D'ATHÈNES.

Athènes était déjà célèbre au tems du siége de Troye, par la magnificence de ses édifices.

> « On voit, dit Homère, marcher après eux les habitans de la superbe Athènes ».
>
> Οι δ' αρ Αθηνας ειχον ευκτιμενον πτολιεθρον.
>
> « Déjà Minerve y avait un temple dans lequel elle plaça son nourrisson chéri, le magnanime
> « Erechtée, fils de la Terre ».
>
> Καδ δ' εν Αθηνης ειστιν, εω ενι πιονι νηω. *Il.* l. II, v. 549.

Cette vue est tirée du troisième volume de l'ouvrage de Stuart. On y remarque les ruines du panthéon d'Adrien, la porte d'Egée, le monument de Thrazylle, la grotte de Pan et les ruines du temple de Minerve sur le sommet de la citadelle.

---

## N°. X. t. 1, ch. XII, p. 179.

### SARCOPHAGE GREC, APPELÉ LE TOMBEAU D'HOMÈRE.

---

## N°. XI, t. 1, ch. II, p. 241.

### FIGURE DE CHAMEAU TROUVÉE DANS LES RUINES D'ALEXANDRIA-TROAS.

Les anciens ne peignaient jamais la mort sous la forme hideuse d'un squelette. Ils mettaient souvent sur les tombeaux un papillon qui s'envole, symbole de l'ame qui quitte sa prison. Le mot ψυχη signifie *ame* et *papillon*. De là vient la fable de Psyché. On lit aussi sur le tombeau d'un ivrogne cette inscription : *Volitet papilio meus semper ebrius*.

## N. XII.

### FIGURE DE CHAMEAU REPRÉSENTÉ AVEC SON HARNOIS MODERNE.

## N°. XIII, t. 1, ch. V, p. 267.

### CARTE DU DÉTROIT DES DARDANELLES, AUTREFOIS L'HELLESPONT.

## N°. XIV, t. 2, ch. I.er, p. 165.

### CARTE DE LA PLAINE DE TROYE.

## N°. XV, t. 2, ch. III, p. 177.

### CARTE DE LA MÊME PLAINE ET DU PAYS QUI S'ÉTEND ENTRE LES RUINES DE TROYE ET LE MONT IDA.

Cette Carte a été publiée par un savant voyageur français, dont j'invoque ici le témoignage, avec d'autant plus de reconnaissance, qu'il est un de ceux qui ont le plus soigneusement vérifié mes observations sur la plaine de Troye. « Il n'est plus permis, « dit-il, de douter que l'auteur de l'Iliade n'eût la connaissance la plus exacte d'une « contrée voisine des lieux qu'il habitait, et qu'il ne l'eût même parcourue avant de « tracer le plan de son poëme. Dans ce cas, la Troade et le poëme présentent au « voyageur tout l'intérêt de la vérité ». *Voyage dans l'Empire Ottoman, par G. A. Olivier*. ch. XXIII, p. 244.

## N°. XVI, t. 2, ch. I. , p. 15.

### Vue générale de la plaine de Troye.

Cette vue, ainsi que celles des N.os XVII, XVIII, XX et XXI, ont été tirées d'un ouvrage anglais, intitulé : A vindication of Homer and of the ancient poets and Historians who have recorded the siege and fall of Troy. « *Justification d'Homère, des poëtes et des historiens de l'antiquité, qui nous ont transmis l'histoire du siége et de la prise de Troye.* Par M. J. B. S. Morritt.

La vue est prise du sommet du cap Sigée. On aperçoit sur la droite la route qui conduit de la mer au village de Bounar-Bachi ; sur la gauche, une chaîne de collines, au milieu desquelles on distingue l'entrée de la vallée de Thymbra ; enfin, dans la plaine, le cours du Simoïs et les marais formés par le débordement de ce fleuve.

C'est dans cet espace que l'armée d'Agamemnon se déploie, quand elle marche à la rencontre des Troyens.

« Tel, sur le sommet d'une montagne, on voit un vaste incendie dévorer une forêt, et de « ses flammes éclairer les campagnes lointaines : tels brillent ces guerriers sous les armes « qui les couvrent ; des éclairs en jaillissent, et l'air en est embrâsé.

« Tels encore, dans les prairies qui bordent le Caystre, on voit des milliers de cygnes ou de « grues voler, s'abattre, et de leurs cris remplir tous les marécages ; *tels les Grecs, des « rives de la mer, se précipitent dans la plaine du Scamandre* ».

Ες πεδιον προχεοντο Σκαμανδριον. *Il.* l. 11, v. 465.

---

## N°. XVII, t. 2, ch. XIX, p. 308.

### Vue du cap Sigée et des tombeaux d'Achille et de Patrocle.

Cette vue est prise de la mer. Sur le sommet du cap Sigée, on aperçoit des moulins à vent et quelques maisons du village appelé par les Turcs *Ieni-Cheher.*

Les deux monticules qu'on découvre au pied du promontoire, sont les tombeaux d'Achille et de Patrocle. La plaine de Troye s'étend sur la gauche de ces monumens.

---

## N°. XVIII, t. 2, ch. XVIII, p. 301.

### Vue du tombeau d'Ajax.

Cette vue est prise derrière le cap Rhétée, en remontant l'Hellespont vers le rivage d'Erin-Keu. Le tombeau d'Ajax est sur le premier plan. Ce monument domine la plaine de Troye, dans laquelle on aperçoit le cours du Simoïs et le Stoma-Limné, marais qu'il forme à son embouchure.

On distingue plus loin le village et le premier château des Dardanelles, appelé *Koum-Kalé*, les tombeaux d'Achille, de Patrocle et d'Antiloque, vers le cap Sigée, et enfin à l'horizon, l'île de Ténédos et l'embouchure de l'Hellespont dans la mer Egée.

« Vous me rappelez, dit Nestor à Télémaque, les maux infinis que nous avons soufferts « avec tant de constance, soit en parcourant les mers sous la conduite d'Achille, soit en « combattant devant les murs de la grande ville de Priam. C'est là que nos plus grands « capitaines ont trouvé leur tombeau ; là gîssent le belliqueux Ajax, Achille, Patrocle égal « aux dieux par la sagesse de ses conseils, et mon fils chéri, le courageux, l'excellent « Antiloque, qui était aussi léger à la course qu'intrépide dans les combats ».

. . . . . Ενθαδε επειτα, κατεκταθεν, οσσοι αριστοι.
Ενθα μεν Αιας κειται αρηιος, ενθα δε Αχιλλευς,
Ενθα δε Πατροκλος, θεοφιν μηστωρ ατααλαντος,
Ενθα δ' εμος φιλος υιος, αμα κρατερος και αμυμων
Αντιλοχος, περι μεν θειειν ταχυς, ηδε μαχητης *Odys.* l. III ; v. 108 et suiv.

---

## N°. XIX, t. 2, ch. IX, p. 244.

### Vue des ruines du temple d'Apollon-Thymbréen.

Sur le premier plan du tableau, on voit les débris du temple ; des chapiteaux et des fûts de colonne sont mêlés avec des sarcophages turcs et des pierres sépulcrales surmontées de turbans.

Le minaret qu'on aperçoit dans le lointain, est celui du village de Halil-Ali, situé sur le bord du fleuve Thymbrius, au milieu de la vallée de Thymbra.

« C'est dans cette vallée qu'étaient campés les Lyciens, les Phrygiens, les Méoniens et les « superbes Mysiens ».

Προς Θυμβρης δ' ελαχον Λυκιοι, Μυσοι τ' Αγερωχοι.
Και Φρυγες ιπποδαμοι, και Μηονες ιπποκορυσται. *Il.* l. x, v. 430.

« C'est près du temple d'Apollon-Thymbréen qu'Ulysse, le fléau des Troyens, se tenait en « embuscade ».

Θυμβραιον αμφι βωμον αστεος πελας
Θασσων. *Eurip.* Rhesus, trag. act. III, scène v.

L'inscription qu'on lit au bas de la vue, est une de celles qui ont été trouvées dans les ruines du temple.

---

## N°. XX, t. 2, ch. IV, p. 191.

### Vue des sources du Scamandre.

On voit sur le devant du tableau, des femmes turques lavant leur linge dans « les « vastes bassins du Scamandre, où les femmes troyennes venaient rendre à leurs « vêtemens leur éclat et leur beauté, lorsqu'avant l'arrivée des Grecs, elles jouissaient « des douceurs de la paix ».

Ενθα δ' επι αυταων πλυνοι ευρεες εγγυς εασι
Καλοι, λαινεοι, οθι ειματα σιγαλοεντα.
Πλυνεσκον Τρωων αλοχοι, καλαι τε θυγατρες,
Τοπριν επ' ειρηνης, πριν ελθειν υιας Αχαιων. *Il.* l. XXII, v. 153 et suiv.

Au-delà des sources s'élève une colline sur laquelle est situé le village de Bounar-Bachi. L'Erineos, ou la colline des figuiers sauvages, est sur la droite du village. Entre le minaret de la mosquée et la principale maison du village, qui est celle de l'Aga, on aperçoit le sommet élevé du Pergama.

---

## N.° XXI, t. 2, ch. XVI, p. 286, et ch. XVII, p. 295.

### VUE DES TOMBEAUX D'HECTOR ET D'AISYETES.

Cette vue est prise des bords du précipice qui entoure la colline de Bounar-Bachi. Le monument qu'on voit sur le premier plan, est le tombeau d'Hector.

« Les parens et les compagnons du héros renforment ses cendres dans une urne d'or; ils les « déposent dans une fosse profonde *qu'ils couvrent de grandes pierres*, et ils lui élèvent « à la hâte un tombeau ».

Αιψα δε αρ ες κοιλην καπετον θεσαν. αυταρ υπερθε
Πυκνοισιν λαεσσι κατεστορεσαν μεγαλοισι. *Il.* l. XXIV, v. 798.

On voit au-dessous la maison de l'Aga et la mosquée de Bounar-Bachi; plus loin s'étend la partie de la plaine qui est arrosée par le Scamandre, dont les sources sont à gauche et au-dessous de la mosquée.

Ce fleuve suit dans son cours une chaîne de collines, sur laquelle on distingue un monticule artificiel, de la même forme que le tombeau d'Hector; c'est le tombeau d'Aisyetes, où Polytes, fils de Priam, allait observer le camp des Grecs.

Αγχου δ' ισαμενη προσεφη ποδας ωκεα Ιρις,
Εισατο δε φθογγην υιι Πριαμοιο Πολιτη,
Ος Τρωων σκοπος ιζε ποδωκειησι πεποιθως,
Τυμβω επι ακροτατω Αισυηταο γεροντος,
Δεγμενος οπποτε ναυφιν αφορμηθειεν Αχαιοι.

« Iris prend la figure et la voix de Polytes, fils de Priam, qui, plein de confiance en son « agilité, allait se placer sur le sommet élevé du tombeau d'Aisyetes, pour observer quand « les Grecs sortaient de leur camp ». *Il.* l. II, v. 791 et suiv.

La mer Egée forme le dernier plan du tableau.

---

## N°. XXII, t. 2, ch. XVIII et XIX, p. 301 et 308.

### PLAN ET COUPE DES TOMBEAUX D'ACHILLE, DE PATROCLE ET D'AJAX.

---

## N°. XXIII, t. 2, ch. XIX, p. 320.

### FIGURE DE MINERVE TROUVÉE DANS LE TOMBEAU D'ACHILLE.

## N.° XXIV.

### Corcyre.

1. ΑΡΓΕΥC. Jupiter debout dans un temple Distyle.

℞. ΖΕΥC. ΚΑCΙΟC. Jupiter assis, tenant la haste de la main droite. *Æ.* Le culte de Jupiter *Argeus* était un honneur en Corcyre, ainsi que celui du même dieu avec le surnom de *Casius*. *Eckhel*, t. 2, p. 179.

« Pline et Suétone nous apprennent que Jupiter avait un temple dans une des villes de « l'île de Corcyre, appelée *Cassopé*, du surnom de *Casius* qu'on donnait à ce dieu. Il est « probable que l'église de *la Madona de Cassopo* occupe aujourd'hui l'emplacement du « temple de Jupiter *Casius*. » *Voyage de la Troade*, t. 1, p. 25.

### Buthrotum.

2. GRAECINVS. QVIN. TERT. Une figure assise, dont on ne voit que la partie inférieure.

℞. BVTHR. Un trident. *Æ.*

« Cette ville étant devenue colonie romaine, fit ensuite frapper des monnaies latines. Par « le type d'une jambe avec le genou plié, on a peut-être voulu figurer la courbure de la « côte, où la ville de Buthrotum était située; de même que la côte, où est située la ville « d'Ancône, est figurée par un coude sur ses monnaies. » PELLERIN, *Recueil* I, p. 81. *Eckhel*, t. 2, p. 163.

### Ithaque.

3. Tête d'Ulysse, barbue et couverte du *Pileus*.

℞. ΙΘΑΚΩΝ. Un coq. *Æ.* On présume que ce coq indique la bravoure et la vigilance d'Ulysse. *Eckhel*, t. 2, p. 274.

---

## N.° XXV.

### Zacynthus.

4. Tête d'Apollon laurée.

℞. ΖΑΚΥΝΘΟΥ. Un homme demi-nud assis, tenant de la droite un serpent, paraît rappeler le culte d'Esculape. *AR.*

« Denis d'Halicarnasse prétend que ce Zacynthus était fils de Dardanus, roi des Troyens. » *Eckhel*, t. 2, p. 273.

### Zacynthus.

5. Tête de Diane.

℞. ΖΑ.. Un carquois dans une couronne de laurier. *Æ.*

### Trézène.

6. Tête de femme.

℞. ΤΡΟ.... Le trident et un poisson. *Æ.*

« Pausanias dit que Minerve et Neptune étaient également honorés à Trézène. Le trident « qu'on voit, confirme le témoignage de Plutarque, qui assure que le trident était gravé « sur les médailles de Trézène. » *Eckhel*, t. 2, p. 292.

# N.° XXVI.

## Athènes.

7. La tête de Minerve avec le casque très-orné, annonce l'époque la moins ancienne des médailles d'Athènes. Le casque est surmonté d'un panache supporté par Pégase. Sa partie antérieure est ornée de quatre chevaux. Cette tête est probablement imitée de celle de la belle statue de Phydias, qui était placée dans la citadelle.

℞. ΑΘΕ ΔΙΟΦ. ΔΩΡΟΘΕ ΔΗΜΗΟΥΛΙ. Une chouette sur un *diota* ou vase à deux anses. *AR.*

« On sait que la chouette était l'oiseau de Minerve. Il n'est donc pas étonnant de la voir sur « les médailles d'une ville consacrée à cette déesse. » *Eckhel*, t. 2, p. 110.

## Athènes.

8. Tête casquée de Minerve, fondatrice d'Athènes.

℞. La citadelle d'Athènes, dans laquelle on remarque l'escalier qui y menait, ainsi que la statue et le temple de Minerve. *AE.*

« Dans le roc, on distingue la grotte de Pan, où Apollon reçut les faveurs de Creuse, fille « d'Erechthée, et où depuis il reçut les hommages des Athéniens, toujours attentifs à « consacrer les faiblesses de leurs dieux. » *Voyage d'Anach.* t. 2, ch 12.

## Mytilène.

9. Mytilène dans l'île de Lesbos, patrie de Pittacus, d'Alcée et de Sapho. Tête d'Apollon.

℞. ΜΥΤΙ. Une lyre dans un carré. *AR. Eckhel*, t. 2, p. 503.

---

# N.° XXVII.

## Ténédos.

10. Tête à deux faces, l'une barbue et couronnée de laurier, l'autre de femme.

℞. ΤΕΝΕΔΙΩΝ. Une hache à deux tranchans, une mouche, une grappe de raisin. *AR.*

« Il existe plusieurs opinions sur le type des médailles de cette ville. La plus vraisemblable « est celle qui voit dans ces têtes adossées Tennis et sa sœur Hemithée, que réunissent « le même sang, le même amour et les mêmes dangers. » *Eckhel*, t. II, p. 488.

## Samothrace.

11. Tête de Pallas.

℞. CA... ΠΥΘΟ. Une femme assise, demi-nue, tenant de la droite une patère, de la gauche une *haste*. *AE. Eckhel*, t. 2, p. 52.

## Imbros.

12. Tête de Pallas.

℞. ΙΜΒΡΙΩΝ. Femme debout tenant de la droite une patère, de la gauche une lyre. *AE. Eckhel*, t. 2, p. 52.

## N.° XXVIII.

### ALEXANDRIA - TROAS.

13. SEPTIMVS GETA CAES. Tête de Géta.
℞. COL. AVG. TROAD. Un trépied. *AE*. *Eckhel*, t. 2, p. 482.

### ALEXANDRIA - TROAS.

14. IMP. LICIN. GALLIEN. Tête de Gallien.
℞. COL. AVG. TROAD. Un faune debout, tenant une outre sur l'épaule. *AE*.

### ALEXANDRIA - TROAS.

15. IMP. M. ANT. COMMODVS. Tête de Commode.
℞. COL. AVG. TROAD. Hercule en repos, le pied sur une roche. *AE*. *Eckhel*. t. 2, p. 482.

---

## N. XXIX.

### ALEXANDRIA - TROAS.

16. AV. M. AV. ANTONINVS PIVS. Tête d'Antonin-le-Pieux.
℞. COL. AVG. TROAD. Hercule étouffant Anthée. *AE*.

### ALEXANDRIA - TROAS.

17. CO. ALEX. TR. Tête de femme, tourrelée.
℞. COL. AVG. TROAD. Une louve allaitant Remus et Romulus. *AE*.

### ALEXANDRIA - TROAS.

18. Tête d'Apollon laurée.
℞. ΑΠΟΛΛΩΝΟΣΕΑ ΗΜΙΘΕΩΣ ΑΛΕΞΑΝΔΡΕΩΝ ΠΕΙΣΙΣΤΡΑΤΟΥ. Diane chasseresse, marchant tenant un arc. *AR*. *Eckhel*, t. 2, p. 480. *Pembrock*, p. 11, tabl. 35.

## N°. XXX.

### ALEXANDRIA - TROAS.

19. IMP. CAES. TRAJAN HADRIANVS AVG. Tête d'Hadrien.
℞. COL. AVG. TROAD. Une femme tourrelée. *AE*. *Eckhel*, t. 2, p. 482.

### ALEXANDRIA - TROAS.

20. IMP. CAES. MAXIMINVS. AVG. Tête de Maximin.
℞. COL. AVG. TROAD. Neptune appuyé de la gauche sur le trident, tient sur la droite un cheval marin, et pose le pied droit sur un dauphin.
COL. AVG. TROAD. Un cheval paissant. *AE*.

« Ce cheval paissant sans bride et sans harnois, sous les yeux d'un berger vigilant, offre l'in-
« génieux emblême de la liberté sous la sauve-garde de la loi : il rappelle en même tems

« les nombreux privilèges que les Romains accordèrent aux descendans de ces anciens « Troyens qu'ils regardaient comme leurs aïeux. »

ALEXANDRIA - TROAS.

21. C. IVL. MAXIMVS CAES. Tête de Maxime.

℞. COL. AVG. TROAD. Un cheval paissant. *AE.*

## N.° XXXI.

ALEXANDRIA - TROAS.

22. IMP. M. AVR. ANTONINVS AVG. Tête de Marc-Aurèle.

℞. COL. AVG. TROAD. Un cheval paissant au pied d'un arbre ; derrière lui, un homme portant un *pedum*. *AE. Eckhel*, t. 2.

ALEXANDRIA - TROAS.

23. COL. AVG. TROAD. Un aigle enlevant dans ses serres une tête de bœuf au milieu d'un sacrifice, et la portant à l'endroit que les dieux avaient marqué pour rebâtir la fameuse ville de Troye.

COL. AVG. TROAD. Une femme, sur un cippe, tenant de la droite une patère, de la gauche un flambeau.

℞. COL. AVG. TROAD. Un guerrier tenant une patère au-dessus d'un autel ; une femme le couronne de la droite, et tient de la gauche le *vexillum*. *AE.*

ILIUM.

24. AV. KAI MAP. ANTONINOC. Tête d'Antonin.

℞. CKAMANAPOC. IΛIEΩN. Le Scamandre appuyé sur son urne, tenant de la droite un roseau. *AE.*

« Ce fleuve célèbre est cité plus d'une fois dans l'Iliade. Il n'est pas étonnant qu'après avoir « joué un grand rôle dans l'histoire d'Ilion, il soit représenté sur ses médailles. »

*Eckhel*, t. 2, p. 486.

## N.° XXXII.

ALEXANDRIA - TROAS.

25. IMP. CAE. ALEXANDER AVG. Tête d'Alexandre-Sévère.

℞. COL. AV. TROAD. Des Faunes et des Satyres. COL. TROAD. *AE.*

SCEPSIS.

26. ΣKHΨION. Un cheval marin ailé.

℞. Un arbre dans un quarré. *AR. Sestini Lettere*, t. IV, p. 111. *Eckhel*, t. 2, p. 487.

ILIUM.

27. AV. KAI. MAP. AYPH. ANTONEI AYΓ. Tête de Marc-Aurèle.

℞. EKTOP IΛIEΩN. Hector dans un char traîné par deux chevaux. *Ibidem. AE.*

## N.° XXXIII.

### Ilium.

28. ΑΘΗΝΑΣ ΙΛΙΑΔΟΣ. Minerve - Iliade tenant de la droite une lance sur l'épaule, de la gauche une quenouille, à ses pieds une chouette. *Exergue.* ΑΠΗΜΑΝΤΟΥ. Dans le champ un monogramme.

℞. *Idem*, à ses pieds une couronne de laurier. *Exergue.* ΣΩΣΤΡΑΤΟΥ. Dans le champ un monogramme. *AR.*

### Ilium.

29. Tête de Minerve.

℞. Enée emportant son père Anchise, et donnant la main à son fils Iule. Cette action est la dernière après la guerre de Troye; elle a été trop souvent racontée dans les auteurs et figurée sur les monumens, pour en donner ici une explication. *AE.*

### Ilium.

30. Tête de Minerve casquée.

℞. ΙΛΙΑΔΟΣ ΑΘΗΝΑΣ. La Minerve d'Ilium, tenant de la droite une lance sur l'épaule, de la gauche un flambeau, à ses pieds une mouche. Dans le champ un monogramme. *Exergue.* ΜΕΝΕΦΡΟΝΟΣ ΤΟΥ ΜΕΝΕΦΡΟΝΟΥ. *AR.*

« On avait cru que les noms placés dans l'exergue étaient des surnoms de Minerve; mais « il est prouvé maintenant que ce sont des noms de magistrats. » *AR.*

Pellerin, *Recueil*, t. 2, p. 64. *Eckhel*, t. 2, p. 484.

---

## N.° XXXIV.

### Dardanus.

31. ΙΟΥΛΙΑ CΕΒΑCΤΗ. Tête de Julia Domna.

℞. ΔΑΡΔΑΝΙΩΝ ΡΟΔΙΟC Un fleuve appuyé sur une urne. Le *Rodius*. *AE.*

### Dardanus.

32. Un guerrier à cheval.

℞. ΔΑΡ. Un coq. Ce type confirme le rapport de Pollux, qui dit, que les Dardaniens avaient figuré sur leurs monnaies les combats de coqs. *AR.* *Eckhel*, t. 2, p. 483.

### Dardanus.

33. CΕΠΤΙΜ GΕΤΑC ΚΑΙ. Tête de Geta.

℞. ΔΑΡΔΑΝΙΩΝ. Ganymède enlevé par l'aigle de Jupiter et coiffé du bonnet phrygien. *AE.* Personne n'ignore l'histoire de Ganymède, fils du roi Dardanus.

*Eckhel*, t. 2, p. 483.

---

## N.° XXXV.

### Sestos, dans la Chersonèse de Thrace.

34. Tête de femme voilée.

℞. ΣΗΣΤΙΩ. Une femme assise, tenant de la droite deux flambeaux, devant elle un casque sur une colonne. *AE.* *Eckhel*, t. 2, p. 51.

Cette ville est célèbre par les amours de Héro et Léandre.

## ABYDOS.

35. Tête de Méduse, de face.

℞. A. Une ancre. Cette médaille est de la plus ancienne fabrique. *AR. Eck.* t. 2, p. 478.

## ABYDOS.

36. Tête laurée d'Apollon.

℞. ΜΟΛΠΑΣ ΑΒΥ. Un aigle debout. *AR. Eckhel*, t. 2, p. 478.

## N.° XXXVI.

## ABYDOS.

37. Tête de Diane.

℞. ΑΒΥ ΙΝΩΝ. ΞΕΝΟΦΩΝΤΟΣ. Un aigle debout, un caducée devant lui. *AR.*

Son culte était en honneur dans cette ville, au rapport de Polybe. *Eck.* t. 2, p. 478.

## AIGOS-POTAMOS, dans la Chersonèse de Thrace.

38. Le nom de cette ville est composé de AIGOS *caprae*, POTAMOS *flumen*. Tête de femme laurée, dont la coiffure est en forme de corbeille. Haym pense que cette tête est celle de Junon, ou celle de Hellé, fille d'Athamas, qui donna son nom à l'Hellespont, où cette ville est située.

℞. ΑΙΓΟΣΠΟ. Une chèvre, dont le nom Aigos rappelle celui de la ville. *AE.*
*Rasche. Lexic. Rei. Num.* t. 1, p. 236. *Eckhel*, t. 2, p. 49.

## CARDIA, dans la Chersonèse de Thrace.

39. Une tête barbue, dans un carré.

℞. Un cœur. Ce type convient parfaitement à la ville de Cardia, dont le nom grec ΚΑΡΔΙΑ signifie cœur. *AR. Eckhel*, t. 2, p. 50.

## N.° XXXVII.

## CARDIA, *idem*.

40. Sur les médailles de la même ville, d'une époque moins reculée, on voit la tête d'Apollon.

℞. Un lion marchant. ΚΑΡΔΙΑ. *AE. Eckhel*, t. 2, p. 5.

## ALOPECONESUS, ville de la Chersonèse de Thrace.

41. Le type fait allusion au nom de la ville.

Etienne de Byzance raconte qu'un oracle ordonna aux nouveaux colons de bâtir une ville à l'endroit où ils trouveraient les petits d'un renard, en grec ΑΛΟΠΗΚΟΣ.

Tête de femme.

℞. ΑΛΟΠΗΚΟΝ. Un *diota*, une grappe de raisin et un petit renard. *AE.*
*Eckhel*, t. 2, p. 49.

## LYSIMACHIA.

42. Tête d'Apollon.

℞. Un lion courant. ΛΥΣΙΜΑΚΙΩΝ. *AE. Eckhel*, t. 2, p. 50.

Cette ville prit son nom de celui du roi Lysimaque, qui la construisit sur les ruines de Cardia, après l'avoir renversée.

FIN.

CARTE
DU
GOLPHE ADRIATIQUE
ET
DE L'ARCHIPEL,
pour servir au Voyage
DE LA TROADE.
HADRIATICUM MARE
DALMATIA
MACEDONIA
PONTUS EUXINUS
PROPONTIS
ASIA MINOR
EPIRUS
THESSALIA
IONIUM MARE
SICILIA
MARE INTERNUM

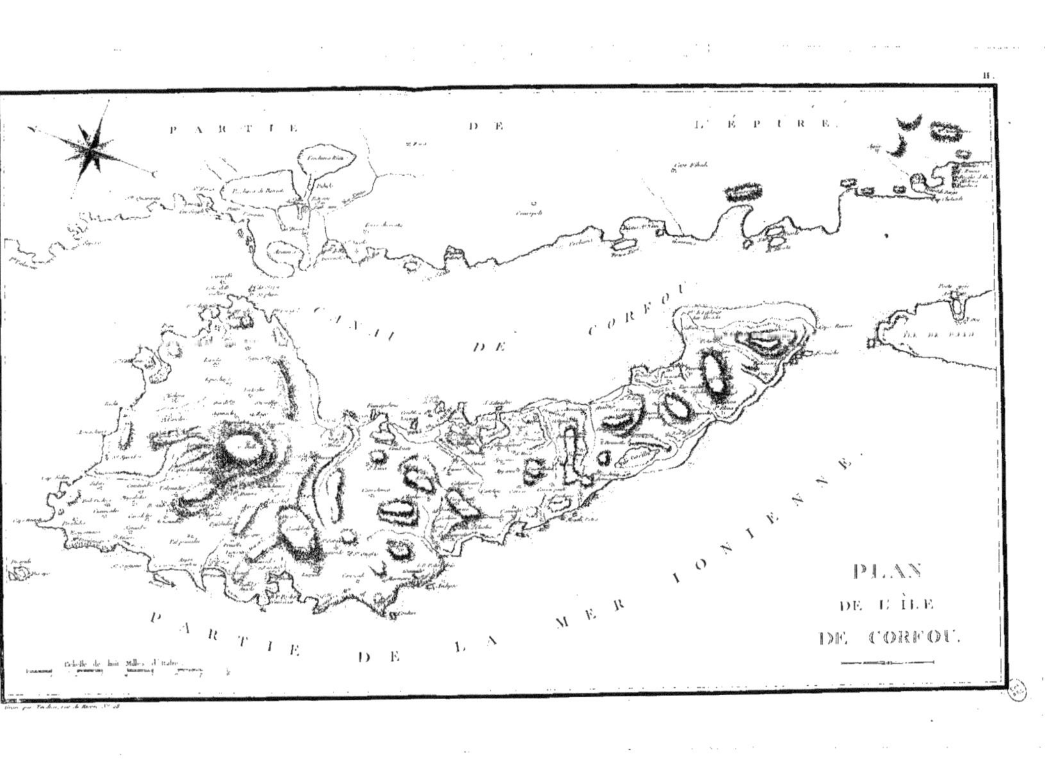
PARTIE DE L'ÉPIRE
CANAL DE CORFOU
PARTIE DE LA MER IONIENNE
PLAN
DE L'ÎLE
DE CORFOU

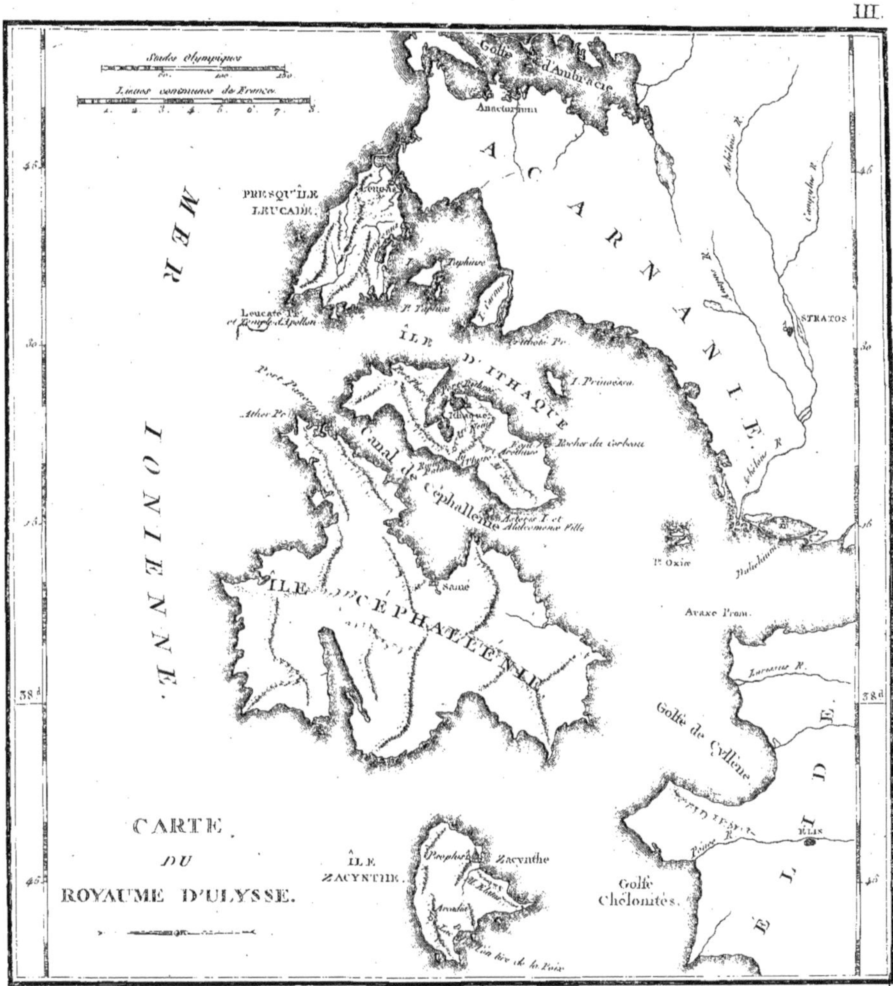

# CARTE DU ROYAUME D'ULYSSE.

Stades Olympiques

Lieues communes de France.

Golfe d'Ambracie

Anactorium

ACARNANIE.

PRESQU'ÎLE LEUCADE.

MER IONIENNE.

Leucate Pr. et Temple d'Apollon

ÎLE D'ITHAQUE

I. Prinoesa.

Rocher du Corbeau

Canal de Céphallénie

Astéris I. et Alalcomenæ Ville

ÎLE DE CÉPHALLÉNIE

Samé

STRATOS

Achelous R.

Pr. Oxie

Araxe Prom.

Golfe de Cyllène

ÉLIDE.

ELIS

ÎLE ZACYNTHE.

Zacynthe

Golfe Chélonités.

Gravé par Tardieu, rue de Bievre N.° 28.

VUE DU PORT D'ITHAQUE.

VUE DE LA FONTAINE ARÉTHUSE.

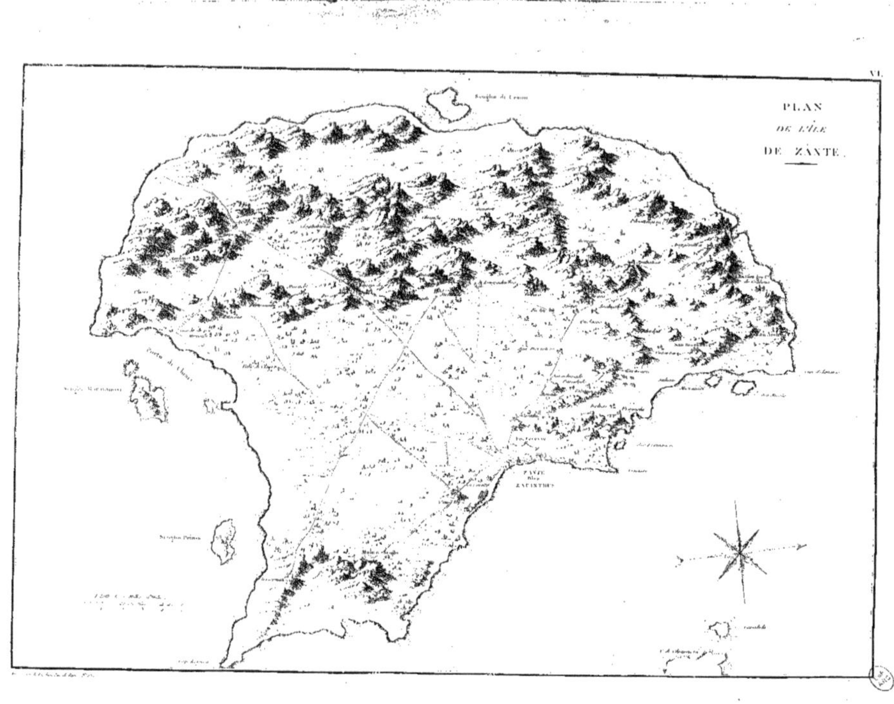
VI.
PLAN
DE L'ÎLE
DE ZANTE.
ZANTE

VUE DU TEMPLE DE MINERVE-SUNIADE.

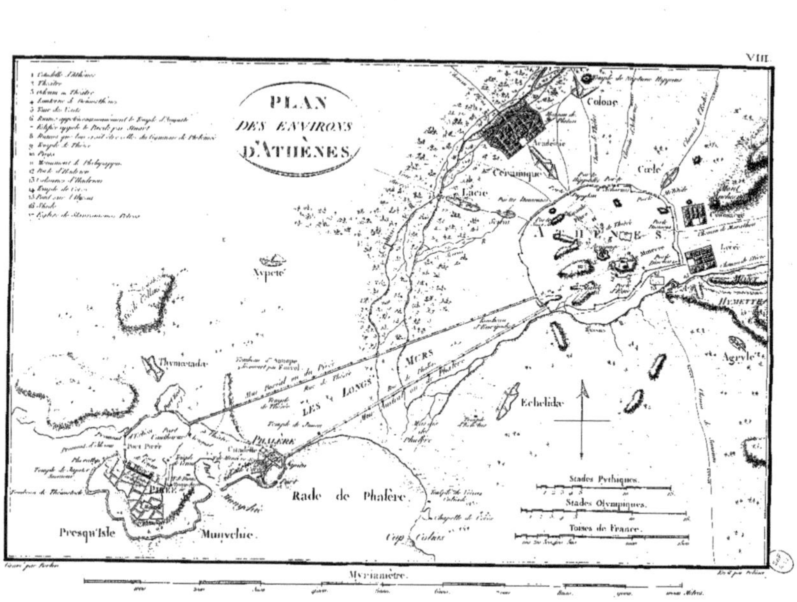
VIII.
PLAN
DES ENVIRONS
D'ATHÈNES
Colone
Académie
Céramique
Lacie
Cœle
Lycée
HYMETTE
Agryle
Echelidæ
Thymœtadæ
LES LONGS MURS
PHALÈRE
Rade de Phalère
Presqu'Isle
Munychie
Stades Pythiques
Stades Olympiques
Toises de France
Myriamètre

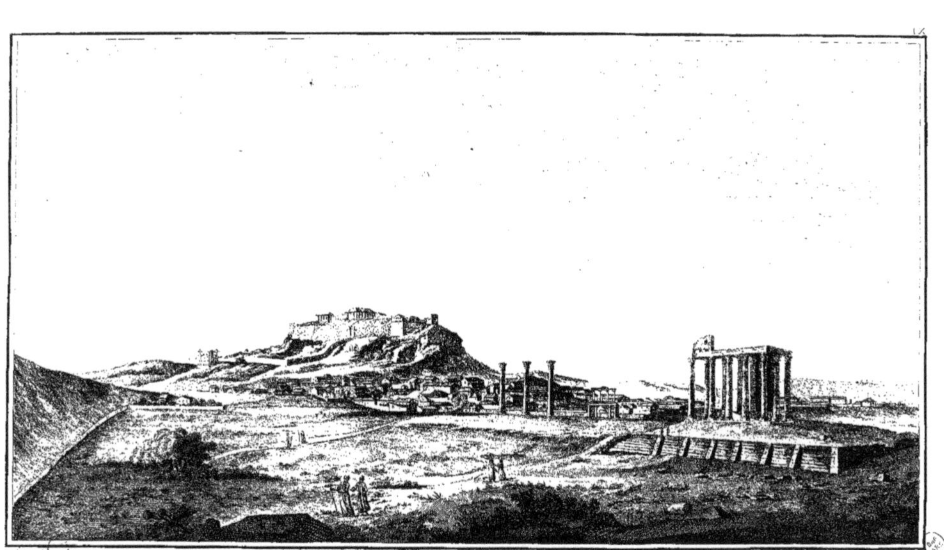

VUE D'ATHÈNES.

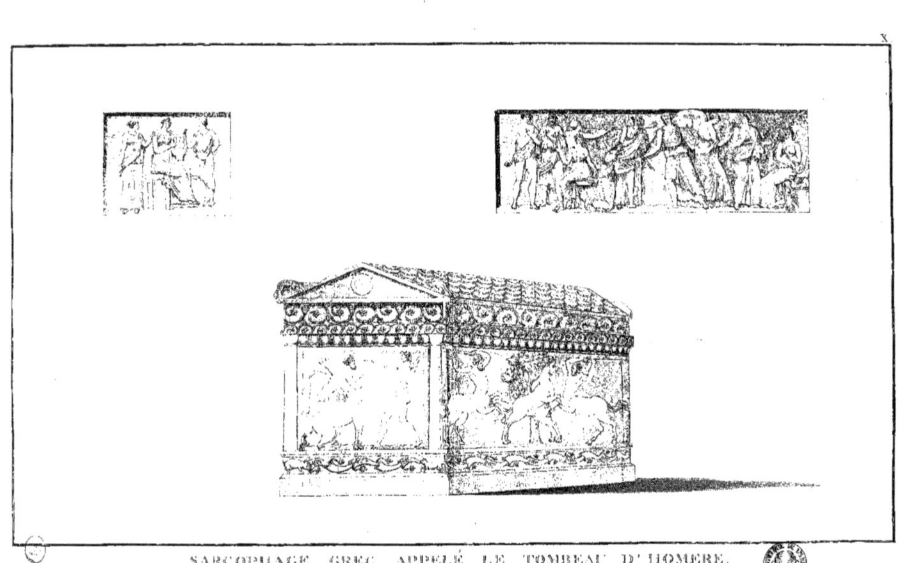

SARCOPHAGE GREC, APPELÉ LE TOMBEAU D'HOMERE.

XI.

*Chameau avec son harnois antique.*



XII.

*Chameau avec son harnois moderne.*

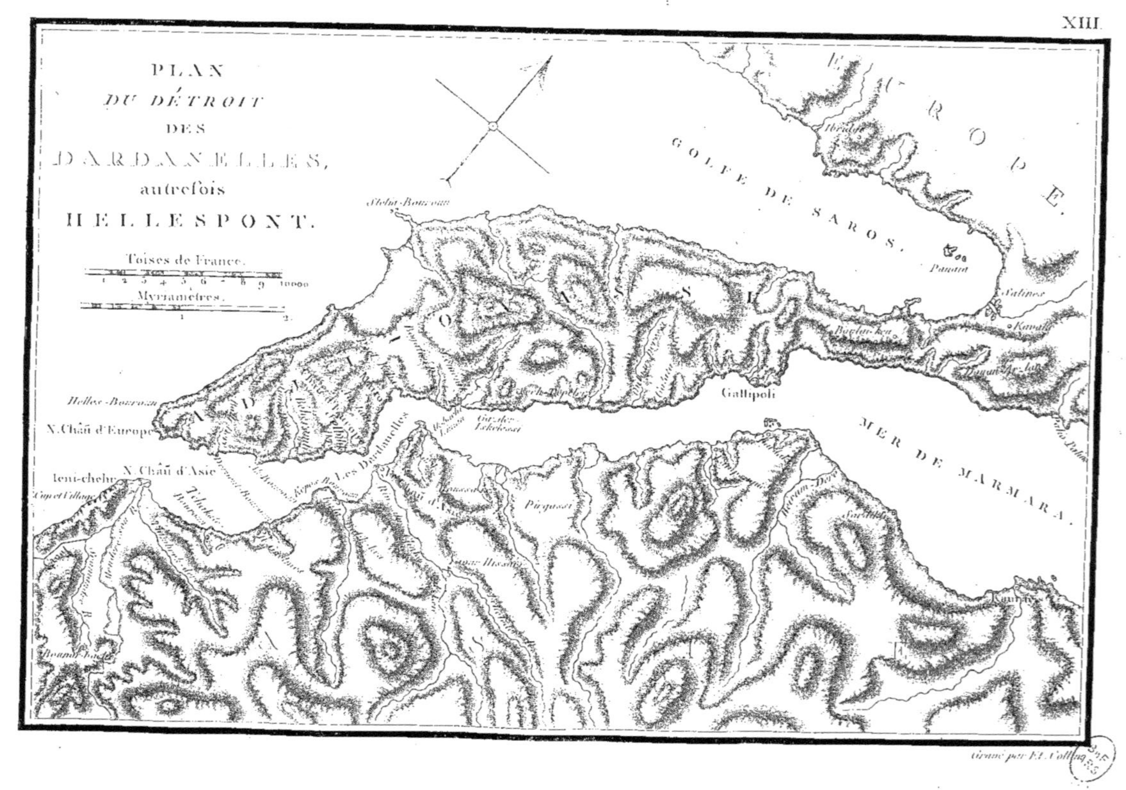


Gravé par E. Collin

CARTE
DE LA TROADE,
levée par
J.B. Lechevalier & L.F. Cassas en 1786.
Échelle
Hellespontus, Canal des Dardanelles
Cap de Troye
Ægeum Mare
Tenedos

XV.

# CARTE DE LA TROADE ET DU COURS DE SIMOÏS, depuis sa Source Jusqu'à son Embouchure.

Echelle de Sept Mille deux Cents Toises.

3 Lieues.

600 1200 2400 4800 7200

Cotylus ou Gargara Ms.

MONT IDA

Hautes chaines de Montagnes.

PAYS COUVERT DE BOIS.

Bairamiche

la Belle Plaine de Bairamiche

Moulin

Tchiflik

Hautes Montagnes

Couvert de Bois

Premiere Chaine du Mt. Ida

Kara-dag

Rhodius Fl.

C. Trapeze

HELLESPONT.

Simoïs Fl.

TROJA VETUS

Thymbrius

Tombeau d'Ajax

P. des Achéens

Ier. Chau. d'Asie

Ier. Chau. d'Europe

Tombeau de Patrocle

Tombeau d'Achille

Scamandre

Tombeau d'Achilles

Canal du Scamandre

Tombeau d'Antiloque

Cap de Troye

PLAINE.

Koum Bournou

ALEXANDRIA TROAS.

MER ÉGÉE.

Rocher

Tenedos

TENEDOS

Gravé par Tardieu, rue de ...

XVI.

VUE GÉNÉRALE DE LA PLAINE DE TROYE.

XVII

VUE DU CAP SIGÉE, ET DES TOMBEAUX D'ACHILLE ET DE PATROCLE.

XVIII.

VUE DU TOMBEAU D'AJAX.

RUINES DU TEMPLE D'APOLLON THYMBRÉEN.

*Inscription*

*Trouvée dans les Ruines du Temple d'Apollon Thymbréen.*

---

ΑΠΟ ΤΗΣ ΑΝΑΓΡΑΦΕΙΣΗΣ ΥΛΗΣ

ΤΟΥ ΙΕΡΟΥ ΑΡΓΥΡΟΥ ΕΚ ΚΕΛΕΥΣΕΩΣ

ΤΩΝ ΟΣΙΩΤΑΤΩΝ ΗΜΩΝ ΑΥΤΟΚΡΑΤΟ

ΡΩΝ ΔΙΟΚΛΗΤΙΑΝΟΥ ΚΑΙ ΜΑΞΙΜΙΑΝΟΥ

ΤΩΝ ΕΠΙΦΑΝΕΣΤΑΤΩΝ ΚΑΙΣΑΡΩΝ ΤΟ

ΑΓΑΛΜΑ ΤΟΥ ΔΙΟΣ ΚΑΤΑΣΚΕΥΑΣΘΕΝ ΟΙ

ΕΥΣΕΒΕΣΤΑΤΟΙ ΚΑΙΣΑΡΕΣ

ΑΝΙΕΡΩΣΑΝ ΙΗΘΕ.....ΩΑ ΕΒΔΟΜΗ

ΚΟΝΤΑ ΕΝΝΕΑΤΟ ΕΠΤΑ.......ΙΤΡΞΣΟΗ

.........ΑΚΟΥΣΤΑΘΜΟΥ ΕΠΙΑΝΕ

ΦΑΝΕΤΟΙ ΤΟΥ ΛΑΝΠΡΟΤΑΝΟ

ΑΣΙΑΣ

XX.

VUE DES SOURCES DU SCAMANDRE.

XXI

VUE DES TOMBEAUX D'HECTOR ET D'AISYETES.

PLAN ET COUPE DU TOMBEAU D'AJAX.

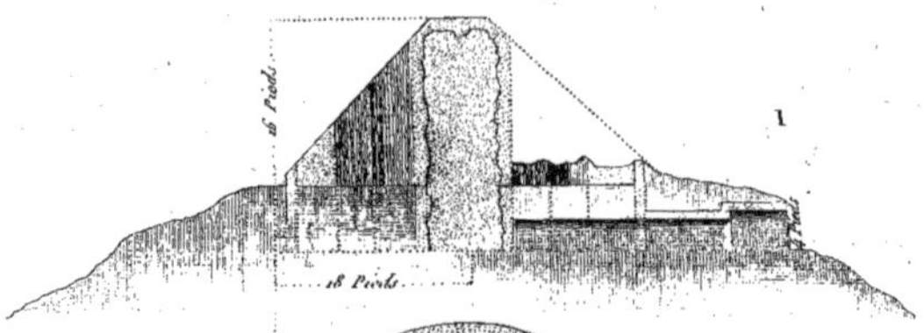

1

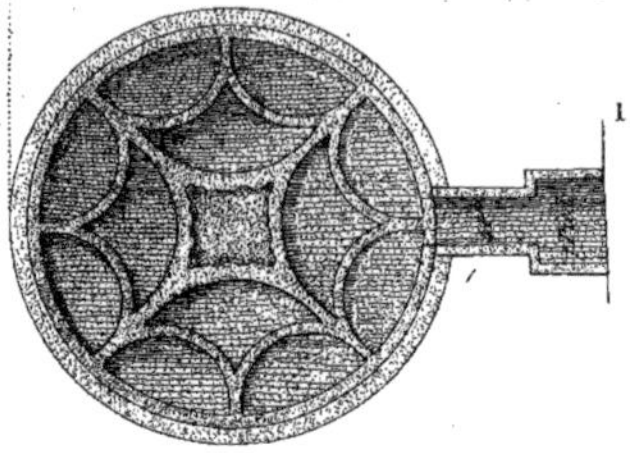

16 Pieds

18 Pieds

1

COUPE DU TOMBEAU D'ACHILLE.

2

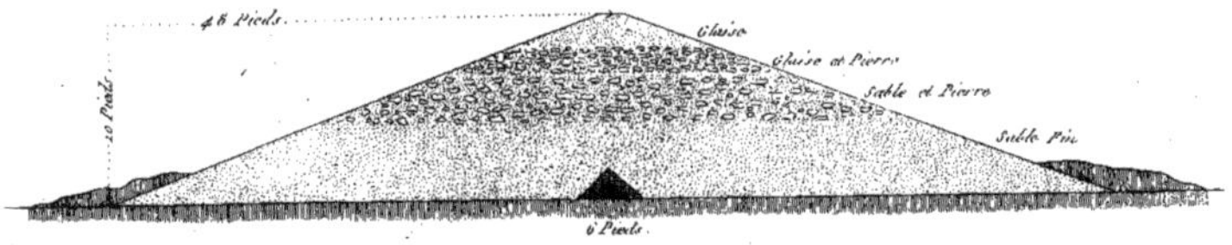

48 Pieds

10 Pieds

Glaise

Glaise et Pierre

Sable et Pierre

Sable Fin

6 Pieds

TOMBEAU DE PATROCLE.

3

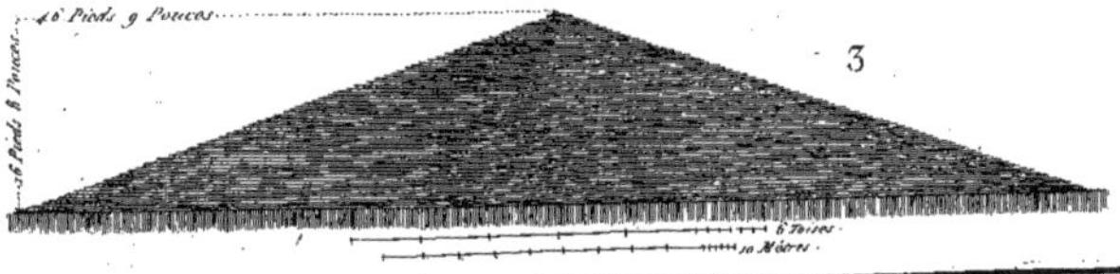

46 Pieds 9 Pouces

36 Pieds 8 Pouces

6 Toises

10 Mètres

XXIII.

*Figure de bronze et vases cineraires, trouvés dans le tombeau d'Achille.*

XXIV.

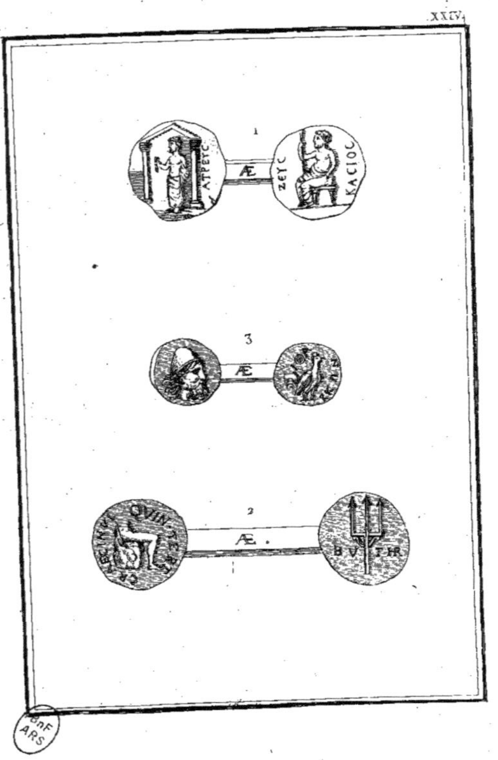


XXV.

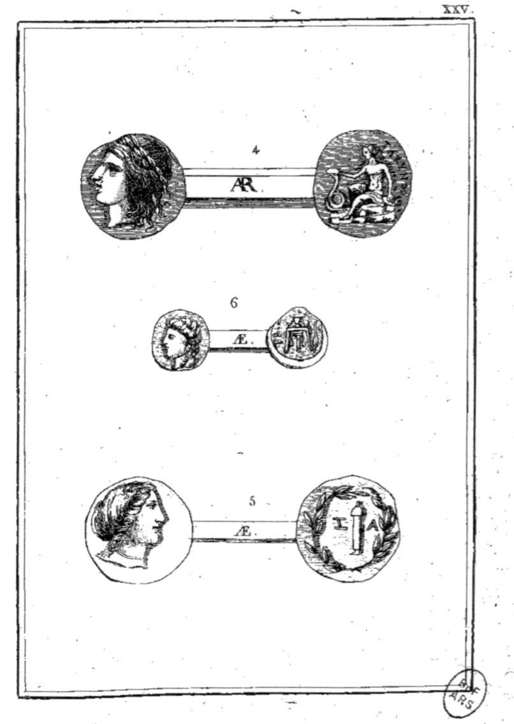

XXVI.

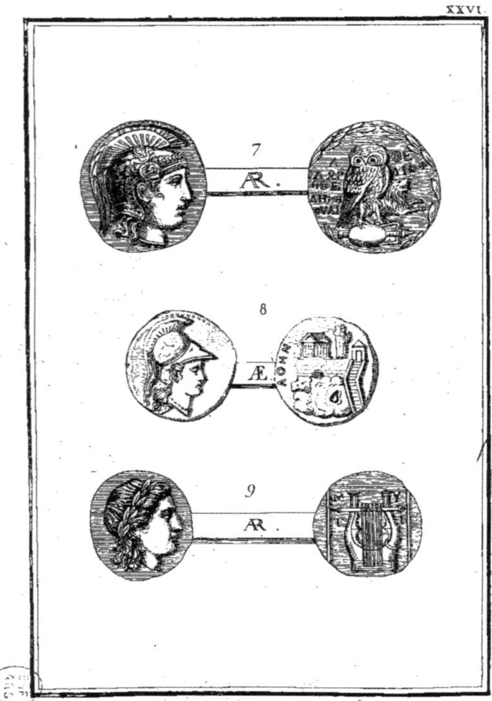


XXVII.

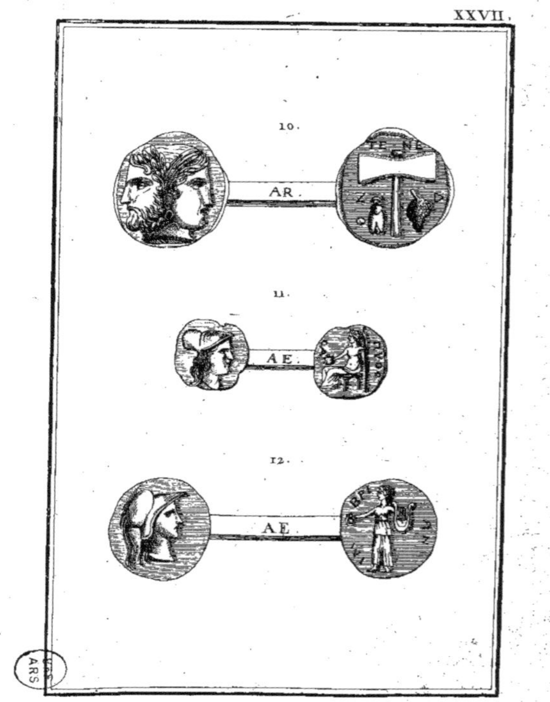

XXVIII.

13.
GETA CAES
Æ.
COL
AVG
TROAD
14.
Æ.
COL AVG
TROAD
15.
COMMODVS
Æ.
TROAD

XXIX.

16.
AE
COL A
TROAD
17.
AE
COL AVG
TROAD
18.
AR
ΑΛΕΞΑΝΔΡΕΩΝ

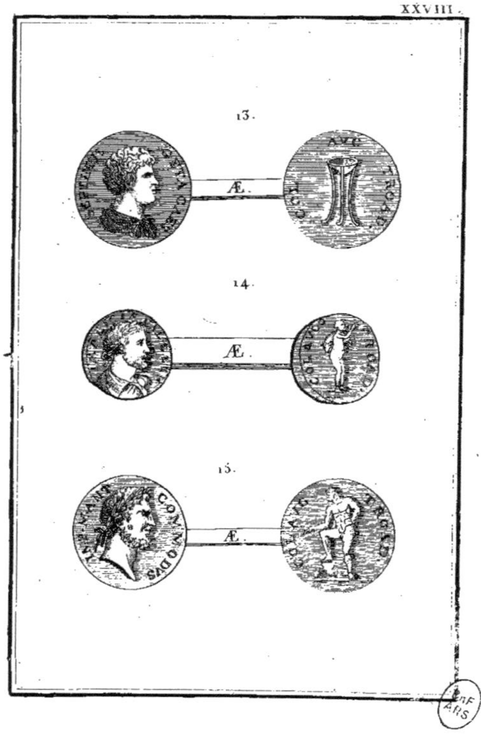

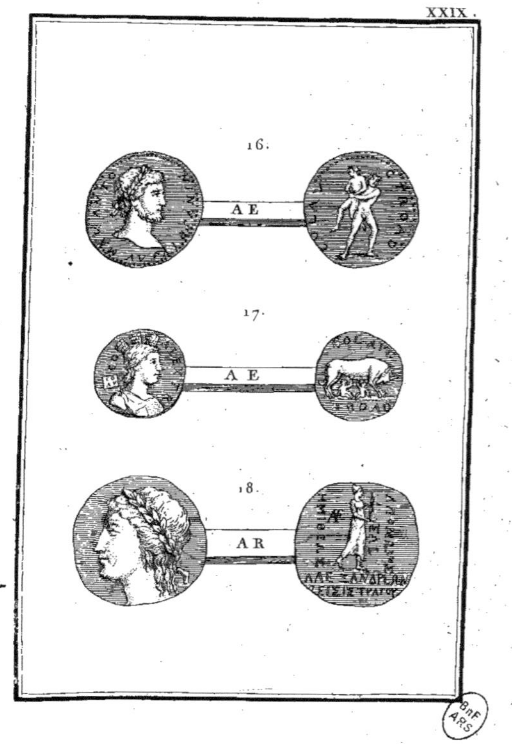

XXX.

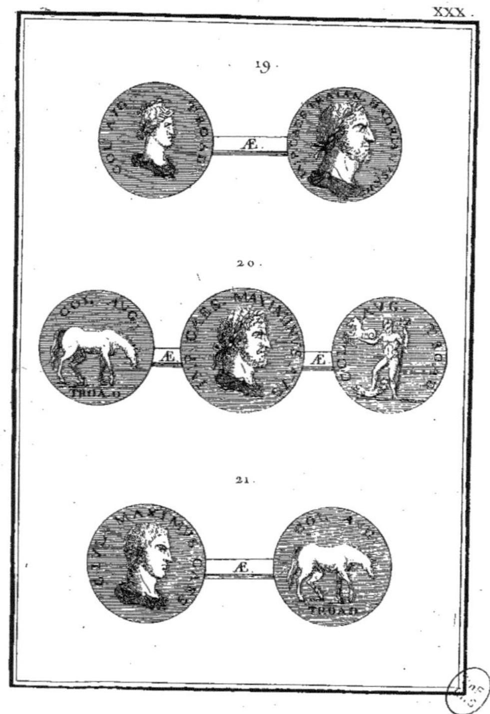


XXXI.

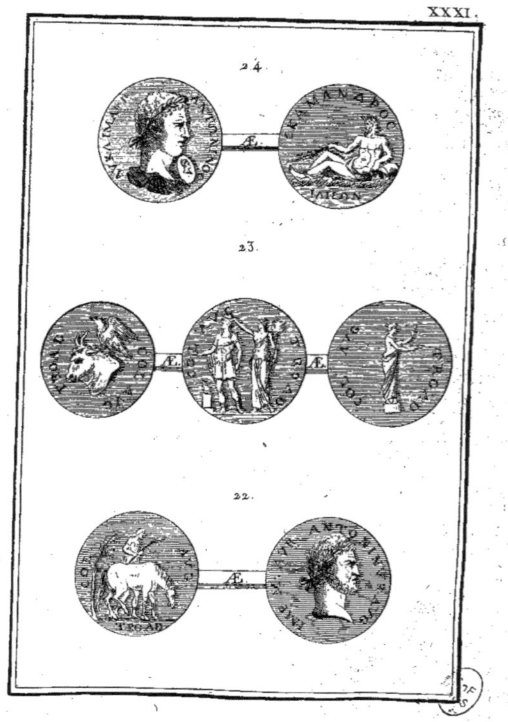

XXXII.

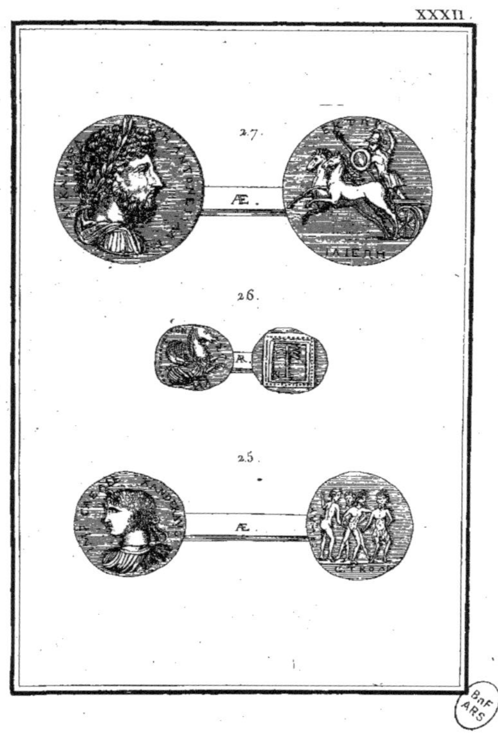


XXXIII.

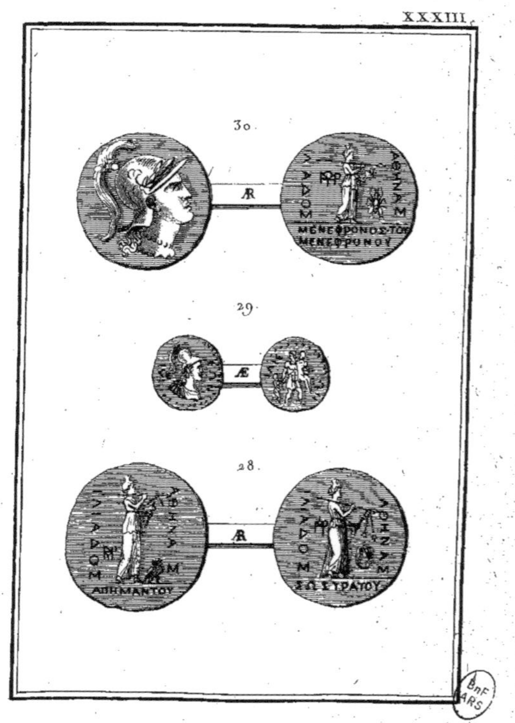

XXXIV.

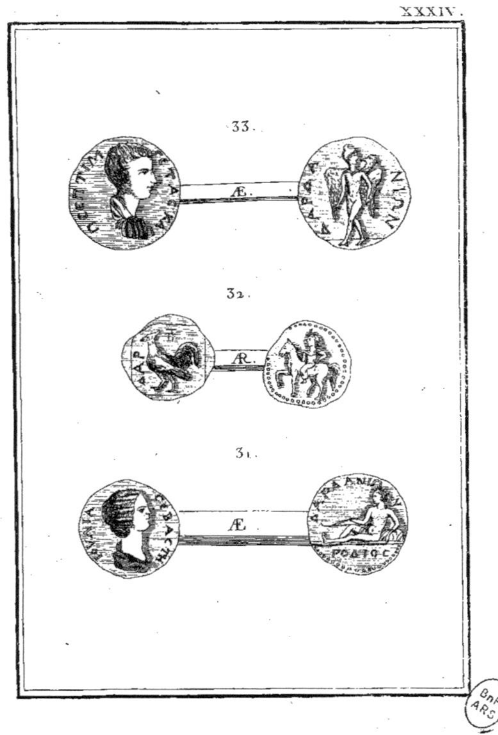


XXXV.

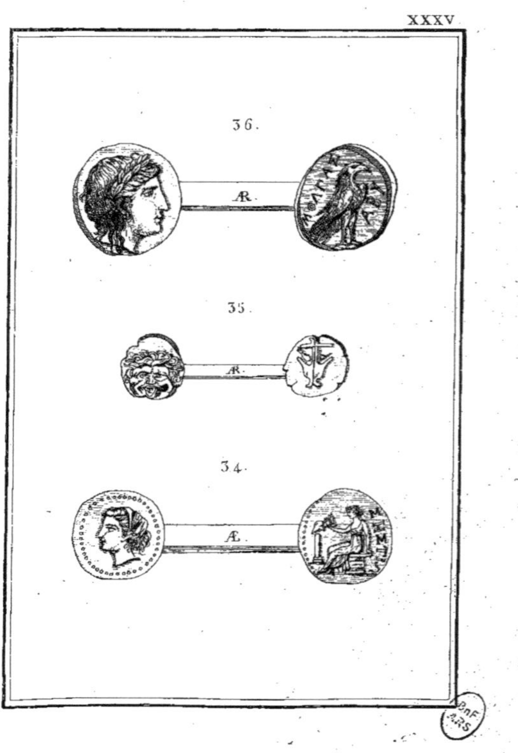

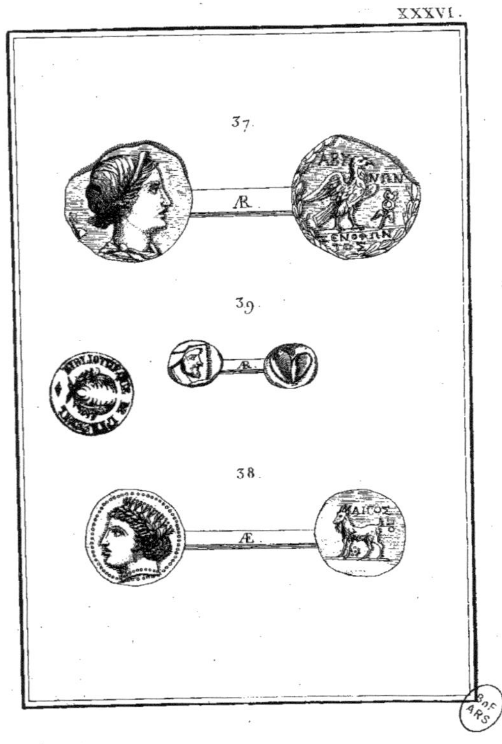
XXXVI.
37.
Æ.
39.
Æ.
38.
Æ.

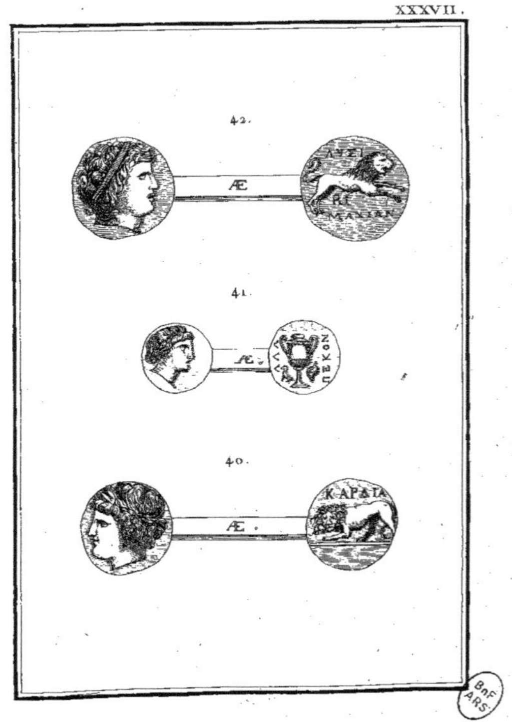
XXXVII.
42.
Æ
41.
Æ.
40.
Æ.
ΚΑΡΔΙΑ

www.ingramcontent.com/pod-product-compliance
Ingram Content Group UK Ltd.
Pitfield, Milton Keynes, MK11 3LW, UK
UKHW020331250726
13967UKWH00005B/1982